FACÉTIES
PROVENÇALES

OU

RECUEIL DE DIVERSES PIÉCES
BOUFFONES, ORIGINALES ET INÉDITES,
EN IDIOME PROVENÇAL.

LOU BARBIÉ D'OUREOU.

~~~~~~~~~~~~~~~~~~~~~~~~~~~~

AN DE GRACE 1815.
LE 21ᵉ DU RÈGNE DE LOUIS XVIII.

AUX AMATEURS
DE LA GROSSE GAITÉ.

MM.

La Dédicace de ce Recueil vous appartient de droit. Les Pièces qu'il renferme sont les enfans orphelins d'un membre de votre joyeuse Confrérie. Ils sont dignes par cela seul que vous preniez quelque intérêt à leur sort. L'Editeur en les produisant dans le monde, n'oserait se flatter de les y voir accueillir favorablement, s'il ne comptait sur votre puissante recommandation. Il espère donc que vous ne la leur refuserez point ; et dans cette confiance, il n'hésite point à se rendre le garant de leur reconnaissance.

FACÉTIES PROVENÇALES

OU

Recueil de diverses Pièces bouffones, originales et inédites, en idiome Provençal, dont le Manuscrit a été trouvé, en 1796, sous les ruines de l'Église des Accoules, contenant entr'autres la Comédie du Barbier d'Auriol et plusieurs Dialogues curieux et amusans.

Dédié aux Amateurs de la grosse gaîté.

Un fou du moins fait rire et peut nous égayer,
Mais un froid écrivain ne fait rien qu'ennuyer.
BOILEAU.

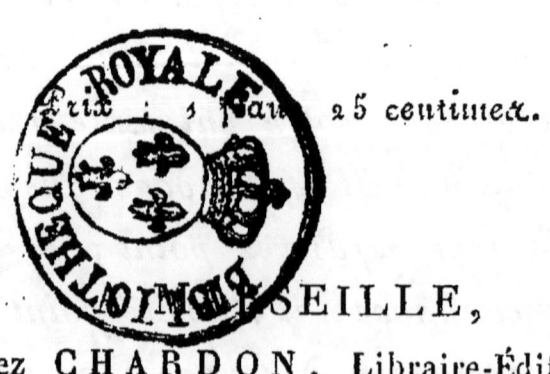

Prix 25 centimes.

MARSEILLE,
Chez CHARDON, Libraire-Éditeur.
1815.

Les formalités voulues par les Lois ont été remplies.

ACTOURS.

M. PARRETY.

M^llo SOPHIO, fillo de M. PARRETY.

M. TOUPIN, Barbié d'Oureou.

M. QUINQUINA, Medecin.

MAUBASTY, varlet.

LOU BARBIÉ D'OUREOU.

SCENO PREMIERO.

PARRETY.

Mangi ben, et buvi pas mau,
Douermi la grasso matinado,
Cepandant mi cresi malau,
Ai la testo degasaido;
Mi trovi ben mounte sieu pas,
Vesi belugueja la luno,
Moun corps chancello à chaque pas,
O que chagrin! quallo infortuno!
Chascun mi dis qu'ai de vapours
Et que moun mau ven de la ratto,
Cepandant n'ai gés de doulours,
Cresi que teni de la patto;
Noun sabi plus mounte passa,
Foou que sarqui quauque remedi,
Din quatre jours sieu fricassa,
Dounarieu tout ce que poussedi
Per pouesque trouva lou repau,
Crigni fouesso la medicino,
Car souven per gari lou mau,
Derrangean toutto la machino;
Aquotto si vés tous leis jours,

Malheur qu li si trovo soutto,
Lorsqu'eis engueus aven recours,
Prenen uno marrido routto ;
Ma fillo ven, dissimulen ;
Merito d'estre meinageado,
Fourra qu'ensemble counsulten,
Vouéli que sié leou maridado,
Fa touto ma consulatien,
Es aimablo, douso et charmanto,
Serié ben ma satisfactien
Que fouguesso ma gouvernanto,
N'aurieu plus ren à souhaita,
Se la mi sentieu estacado
Et que toujours à moun cousta
Fouguesso, quoique maridado :
Es eissi, tout anara ben.

SCENO II.

PARRETY, SOPHIO.

SOPHIO.

Bouenjour, coumo va, moun cher pero ?
Couragi ! veissi lou beou ten,
Tout aquo n'es qu'uno chimero ;
Escoutés plus tan vouestre mau
Et prenés uno autro metodo,
Es ce que fa toumba malau,
Emé lou ten tout s'accoumodo ;
Vouestre sang s'es trop espessi,

Foou fugir tout ce que tracasso,
Quand lou cerveou s'es adoussi
Tout repren sa premiero plasso ;
Soungés plus qu'à vous rejouir,
Sur-tout évitas la tristesso,
Faren tout pèr vous divertir.

PARRETY.

Sophio, fai m'uno caresso,
Vesi que seras lou soustien
De ma santa din ma vieillesso,
Counouissi ben toun attentien,
De moun houstau siés la mestresso,
Aprovi tout ce que faras,
Vai prendre meis claus din l'armari,
Disposo n'en coumo vouras ;
De bouen couer leis ti desempari,
Voueli faire ben mai per tu ;
Cresi que seras pas fachado
Qu'en recoumpensan ta vertu,
Ti douni leou un camarado,
Car d'abor que serai gari
Et que n'aurai plus ren à faire ;
Ti sarquarai un bouen mari,
Es segur, n'en fau moun affaire.

SOPHIO.

Leis marquos de vouestro bounta
Dedin moun cerveou soun gravados,
Noun cresi pas, en verita,
De leis avé ben meritados ;
Tant que vous sentirai malau.

Couneissés toutto ma tendresso,
N'aurai ni pauvo ni repau,
Serai toujours din la tristesso,
Noun ami pas lou changeamen,
Cresés-vous que serieu fachado
S'erias un jour doou sentimen
Que de vous foussi separado.

PARRETY.

Ti remercieu, vesi fouer ben
Ce que poou su tu la naturo,
Car lou sang mente raramen.

SOPHIO.

Ma paraulo es toujours seguro,
Doou resto vous respoundrai ren,
Voueli que m'assurés, d'avanso,
Que tous leis jours seren ensen.

PARRETY.

Pesarai tout din la balanso.

SOPHIO.

Lou mariagi acceptarai
D'abord qu'aura vouestre suffragi,
Et à toueis dous partagearai
Et ma tendresso et moun aumagi.

PARRETY.

Voudrieu sache ce qu'es moun mau,
Car es tout ce que mi chagrino,
Si va trouvaves à prepau
Consultarieu la medecino;

Crigni fouesso, fau pas lou fin,
Que noun m'arribe un escaufestre ;
Toujours triste, toujours chagrin,
Voudrieu sache ce que poou estre ;
Senso febro, sieu languissen
Et abima din la tristesso,
Meis eueils coumo un marlus puden,
Si resentoun de ma feblesso,
Fau de songis toutto la nué,
Resauti coumo uno rascasso,
Em'encaro un gaveou sieu cué.

SOPHIO.

Vouestreis man sembloun à la glasso ;
Foou assagea, riscas pas ren,
Sur-tout prengues gés de remedi,
Aquo fara ni mau ni ben,
Es lou secret de la coumedi,
Voules-ti moussu Quinquina,
Es un medecin à la modo,
Fourra ben tout examina,
Car an tous la memo metodo,
Après lou mandaren sarqua,
Segur si fara pas attendre,
Mai gardas-vous de v'embarqua,
Doou bouticari foou ren prendre,
Es un cousinié dangeiroux,
Doueis pouelouns em'uno toupino,
De meou, d'herbos, em'un bouen pous
Es lou cabas de sa cousino.

SCENE III.

PARRETY, SOPHIO, MAUBASTY.

PARRETY.

Lou trouvaran à soun houstau,
Maubasty fara lou messagi.

SOPHIO.

Vai leou, dien qu'isto à n'un plus hau,
Tout-à-fait au bout doou vilagi.

PARRETY.

Es à prepau de l'escouta,
Foou pas mangea lou pan deis sagis,
N'aurai pas l'estupidita.

SOPHIO.

Gardas-vous de seis abeuragis,
Es facile de si troumpa;
Car lorsque cresen de ben faire,
Lou plus souven sian attrapa,
Foou prendre garde de mau traire.

PARRETY.

N'aguès pas paou, risquarai ren,
Sabi ce qu'es la médecino,
Aqueou que si fiso à l'enguen,
Soou pas que mette à la touutino.

SOPHIO.

Maubasty, ti sies despacha,
Noun si poou ana plus vitte,
Aquotto s'apello marcha,
Ei Cambos a tout toun meritte;

Ausi venir lou medecin,
Escouten ce que nous va dire,
Dien que toujours parlo latin,
Es segur que nous fara rire.

SCENO IV.

QUINQUINA, SOPHIO, PARRETY.

QUINQUINA.

Domine salvum fac regem,
Etiam Reginam . . . . . . Amen.
Salus, honor avec argentum,
Apetitum, contenta mentum.
Veni per sire et videre
Quare mi mandas serquare.

PARRETY.

Moussu Quinquina, vai manda
Per mi douna quauque remedi,
Emé vous foou pas marchanda,
Noun vous demandi gés de credi;
Fés en sorto, tant soulamen,
Senso empluga la medecino,
De me dire precisamen
De moun mau toutto l'origino.

QUINQUINA.

Ad faciendum istam curam
Travaillabor, et erit suram,
Credite que sum medicus,
Compositor d'unguentibus,

Excellentus in medecina,
Soulageo morbos de l'esquina,
Freivres, malos de cotté
Cum granda facilitate ;
Pomadam facio pro gallam
In provensalé dicta rouignam,
Quæ nos facit tant grataré
Jusquos à s'escourtegaré ;
Per garire les vaporistos
Non habeo d'antagonistos ;
Cum bonis herbis un bandeau
Soulageo malum de cerveau ;
Posedo à fond la botanista
Et grimorium cabalista,
Trato morbos venericos
Melius que chirurgiquos ;
S'intrabas in meam bouticam
De mieja lega sentit drogam ;
Facio de christerios
Presentabiles ad Deos :
Galianus et Hipocratus
Avant que je fuissi natus,
Cum granda latinitate
Parlaverunt du recipé
Des virtutes d'unguenti grisi
Et du balsamo capausi ;
Sed medecina d'aujourd'hui
Facit multam magis de brui :
Ergo faciebor l'unguentum
Pro vous dare soulageamentum.

Cras mane vous seignabimus,
Portea vous purgabimus,
Si purga non facit sanare,
Oportet christarium dare.

Souarté.

PARRETY.

Ha santoubenchi que latin,
Sente lou fun de la cousino,
Cresi que lou paure mesquin
A l'esprit coumo uno machino;
N'en soou pas mai que de raisoun,
Sabi pas s'aura de pratiquos,
Cresi qu'es un pichoun garsoun.

SOPHIO.

N'entende gairé leis rubriquos,
Car, moun pero, tout coumo à vous
M'es vengu la meme pensado,
Cresi fouer et n'es pas doutous
Que n'es bouen que per la charrado;
Vous aimi troou, permettrai pas,
Car vouestro santa m'es troou chiero,
Que vengue eissi mettre soun nas;
Li fisarieu pas la chambriero;
Counsultas empau lou barbié,
Es un homme qu'a de merite;
Quoique siegue pas docu mestié,
A de bouen sens et va pas vitle;
Au resto es fouer intelligen,
Si pourrié qu'en sarquan, trouvesso
£enso si servir de l'enguen,

B

Quauquaren que vous garissesso :
Lou medecin es aigre-doux
Et voou passa per un celebre,
N'a que lou ton avantajoux.

PARRETY.

Cresi que counouei pas la febre.

SOPHIO.

En que servoun tous seis prepaus,
Per Yeou li pouedi ren couïhprendre,
Vague leis dire à seis malaus,
Mi fasié piéta de l'entendre.

PARRETY.

As raisoun, quand tournara mai,
Lou counduiras jusqu'à la pouerto ;
Cresi fermamen qu'es un ai.

SOPHIO.

Digas qu'a la cervello touerto.

PARRETY.

Douno li pourtant quauquaren,
Pago li sa peno et soun viagi ;
Sur-tout li diras, se reven,
Que ma fach un vilen ravagi.

SCENO V.

PARRETY, SOPHIO, MAUBASTY.

PARRETY.

Ha ! Maubasty, que l'a de noou,
Fuges coumo s'avieu la pesto,
Apouerto mi ce que mi foou,

N'agués plus tant marrido testo,
Sian toujours à recoumensa,
Cresi que pouedes ren coumprendre,
Sans cesso aublidés lou passa.

MAUBASTY.

Din l'armanac veni d'apprendre
Que segur auren fouesso fré,
Aquest'hiver se la de glasso,
Et qu'au camin qu'es trop estré,
Si trouvara gairé de plasso ;
Qu'auren qu'uno luno aquest'an,
Encaro sera pas nouvello ;
Et que l'argen d'un capelan
Coulara coumo la gravello.

PARRETY.

Taiso-ti, sies un gros butor,
Respoundés coumo uno bestiasso ;
Es ben verai qu'aurieu grand tor
De t'escouta ; sur la terrasso
Ai més de figuos à sequa,
Lei trouvaras sur leis canissos ;
Sur-lou-chan vai mi leis sarqua,
Emé doueis taïouns de saucissos,
Vai nous querre lou dejuna.

SOPHIO.

Despacho-ti, foou faire vitte,
Et pui, s'anaren proumena
Jusquo que lou souleou nous quitte.
Prenes de forso ? eisso va ben,
L'apetit vous dara couragi,

Din quatre jours n'avés plus ren,
Es lou remedi lou plus sagi;
Foou prendre de boueis alimens,
De la viando mangea la poupo,
Din lou jour de refrescamens,
Et lou soir uno boueno soupo.

SCENO VI.

PARRETY, SOPHIO, TOUPIN, MAUBASTY.

TOUPIN.

Et ben, que dis lou charlatan.

PARRETY.

Seis paraulos soun pas soulidos;
Es un veritable orvietan,
D'aquelleis que van per bastidos,
Que degun noun m'en parle plus;
Emé lou ten tout si maduro;
Pertout si rescontro d'abus,
La medecino es mau seguro,
Digas-mi vouestre sentimen :
Eu vous metti ma counfianso,
Sabi qu'aves fouesso bouen sen,
De vous esperi ma santanso;
Car d'escouta lou medecin,
Que detaïo sa medecino,
Et si mettre dins un jambin
Que lou plus souven n'assassino;

Mi pouedi pas imagina
Seis pousturos et seis grimassos;
Enfin sieu ben determina
De mi passa d'aquelleis rassos.

TOUPIN.

Avés, Moussu, fuesso bounta,
Emplegarai touto ma sienso,
Segur seres pas defauta,
Farai leis cavos en counsienso;
Dins un més vouéli vous gari,
S'observas ben ce que foou faire;
Tout ce qu'es bouen n'es pas marri,
Surtout quand nous tiro d'affaire.

MAUBASTY.

Parlas coumo parlet sant Pau,
Lorsqu'avié la bouquo duberto;
Crigni toujours, quand sieu malau,
Que noun m'arribe quauquo alerto.

TOUPIN.

Primo, foou gés avé de tic,
Es uno marrido habitudo;
Qu pren leis cavos ric à ric,
A la cervello morfundudo;
Vous counsilli de changea d'air
En quauquo poulido bastido,
Que sié l'estieu coumo l'hiver,
Li mangea souven la bourrido;
L'hayet es un fouer bouen enguen,
Vous tuera toutto la vermino,
Vous fara faire fuesso ven.

B

MAUBASTY.

Soartiran doou bout de l'esquino.

TOUPIN.

Aublidas vouestre gabinet,
Leis libres et touto la sienso ;
Quand aven l'esprit franc et net,
Facilamen prenen patienso ;
Pertout foou serqua leis plaisirs,
Ana souven eis proumenados,
Countenta tous vouestreis desirs,
Mettre d'ailhet eis carbounados ;
Lou soir prenes de bouen pan cué,
Et aublidas vouestreis marrottos ;
Veirés que douermirés la nué
Tout coumo douermoun leis marmottos.

SCENO VII.

PARRETY, SOPHIO.

PARRETY.

Sophio, sieu mai que counten,
Touei dous dissipas ma tristesso ;
Es verai que mi trovi ben,
Mai senti venir la vieillesso ;
Voudrieu saché toun intentien,
Et que parlesses en counsienso ;
Auriés-ti quauquo inclinatien,
Sabes ben qu'ai d'experienso,
Va t'assuri emé fermeta.

De bouen couer t'en fau la proumesso;
Et se pouedi ti countenta,
De toun sort seras la mestresso.
SOPHIO.
Noun vieu que per vous aima,
Tant que Dieou mi dara de vido:
Car pourrieu pas m'accoustuma
Se de vous eri desunido;
N'ai plus gaire de parenta,
Uno fillo qu'es senso mero
Li resto ren à souhaita,
Quand a per bouenheur un tau pero;
Cresés-mi, per vieure long ten
Foou ren si mettre din la testo,
Serés heuroux, serés counten,
Et pui veiren veni lou resto.
PARRETY.
Sies gravado dedin moun couer,
Va t'assuri, va pouedes creire;
Ti cherirai jusqu'à la mouer,
Dès deman va ti farai veire;
Noun vesi quasi qu'un mouyen
Per satisfaire ta demando;
Per ieou n'en serieu fouer counten,
Auriés un mari de coumando.
SOPHIO.
Noun soungés plus qu'a vous gari,
Ma declaratien es sinsero,
Mi pouedi passa d'un mari,
Mai mi passi pas de moun pero.

PARRETY.

Noun cresi pas de mi troumpa,
Aven tous la memo pensado,
Lou sistemo es develoupa,
Ti voueli faire uno embrassado;
Es un garsoun que ti counven,
Cresi que n'en seras charmado;
T'assuri, farai jamai ren
Senso que siegués counsultado;
Mando lou querre proumptamen,
Per li dire ce que si passo,
Que per li faire coumplimen
L'esperi dessu la terrasso.

Sophio souarté.

Vesi gés de difficulta
Per termina lou mariagi ;
Sabi qu'a fouesso proubita
Et que faran un bouen meinagi.

SCENO VIII.

PARRETY, TOUPIN.

PARRETY.

Moun cher ami, tant que vieurai,
Va poudés creire ém'assuranso,
De tout moun couar vous cherirai,
Sur tous aves la preferanso :
Coumo m'approchi de ma fin,
Per mettre en reglo ma famillo,
Vous proposi, moussu Toupin,

Lou mariagi de ma fillo ;
Mi flatti que l'acceptarés ,
Car couneissos tout soun merite.
Foou que de icou vous souvengués,
Voueli pourtant pas que mi quitte.
TOUPIN.
Dieou nous garde de vous quitta,
Jamai n'en auren la pensado,
Faren tout per vous countenta.
PARRETY.
Eben, l'affaire es decidado;
Faren meinagi touteis trés,
Sophio n'en sera countento,
Per faire tout ce que voudrés;
V'assuri millo escus de rento,
Sieu ben segur que voulountié ,
Dès deman , sarrarés boutiguo ,
Que quittarés vouestre mestié.
TOUPIN.
Quoique crigni pas la fatiguo,
Cresi ben qu'es fouer à prepau,
Per respouendre à vouestro allianso,
De prendre un ton empau plus hau.
PARRETY.
Ai deja tout previs d'avanso,
M'en vau jusquos à moun jardin
Per faire un tour de proumenado ;
Foou qu'eissoto prengue uno fin ,
Sophio n'en sera charmado ;
Adieusias jusquos au revoir ,
Soungeas à mi tira d'affaire.

Si reveiren aquestou soir,
Vendren leou, n'esperarés gaire.

SCENO IX.
TOUPIN, MAUBASTY.

TOUPIN.
Eben li sian ou noun li sian,
De l'houstau couneissés l'alluro,
Segur passi pas aquest'an
Senso faire uno bello curo;
Foou faire juga lou cerveou,
Avé de sau à la saliero;
Per pas toumba din lou paneou,
Foou ben couneisse la ratiero.

MAUBASTY.
Cresi que travaillas per vous
S'entreprenés aquel ouvragi,
Qu'avés la mino d'estre heuroux
Et de faire un bouen mariagi :
Vous dirai dounc premieramen,
Et meme la cavo es seguro,
Que si segues moun sentimen,
Laissarés agir la naturo;
Car la foulié d'aquesteis jours
Es decidat seloun l'usagi,
Chaqun la noumo de vapours,
Es plus la modo d'estre sagi;
Meme cresi qu'es à prepau,
Va dien en vers, tout coumo en proso,
Que n'en aguen un tant sié pau,

Malheur lorsque doublan la doso;
Enfin chaqun coumo que sié,
Es uno cavo fouer coumuno,
Naisse gaire senso foulié.

TOUPIN.

Un medecin fa leou fourtuno
Quand trato aquello maladié;
Lorsqu'a la lenguo ben pendudo,
Es un doutour doou gran coulié,
La countenenci gravo et prudo
Empaumo leou leis estourneous,
Lou prenoun per un Esculapo
Se debito de mots nouveous.

MAUBASTY.

Lou plus fin souven li s'atrapo,
Vous dira de prendre lou bain
Et de gés mangea de salado,
Qu'es un remedi souverain
De beure fouesso limounado;
Tout aquo soun que de cansouns,
Lou secret de la medecino
Et de nous cura leis boussouns,
Senso estre sourcier si devino.
Dien qu'aven tous quauque defau,
Qu'es iou sort de la creaturo;
Leis fouels n'an proun, leis sagis pau,
Tout si reglo per la naturo;
Chaqun mi dis siés un gros buou
Et fas toujours quauquos soutisos;
Per yeou m'en fichi, sieu d'Oureou,
Car ai la perlo deis devisos.

TOUPIN.

Maubasty, raisounés pas mau,
Cresi qu'au found de la cousino,
Quand as prepara lou pelau,
T'amusés à la medecino;
L'a ren de tau d'avé de sen,
Sies un homme de counsequenso;
Quauque jour ti daran d'insen
Per hounoura toun eloquanso.

MAUBASTY.

Aves raisoun, vous truffés pas,
Sabi que sias uno minetto;
Yeou mesquin, fau quatre repas,
Sieu pas paren de la fourchetto.

TOUPIN.

Ausi piqua, vai, Maubasty,
Foou qu'aguoun laissa la chambriero;
Anen, vitte, despacho-ti,
Cresi que soun à la carriero.

SCENO X.
TOUPIN, SOPHIO.

SOPHIO.

Venen d'arriba soulamen,
Aven fa nouestro proumenado;
Moun pero es esta fouer counten,
Et yeou n'en sieu esta charmado.

TOUPIN.

Madameisello, que pensas

D'aqueou medecin, à l'alluro
Cresi qu'es un gros d'arnagas,
Si counouei ben à sa figuro ;
A tout l'air d'un curo boussoun
Et de n'avé gaire de sienso,
Ce que dis es uno cansoun,
De l'ausi n'avieu pas patienso,
Ressemblo un vendeur d'orvietan,
Tout coumo ero deffun Moularquo,
Ben segur es un charlatan
Escapa de quauquo baraquo,
Crés nous tenir din soun paneou,
En nous debitan soun histoiro,
Mi fisi pas à l'ollipeou.

SOPHIO.
Ce que dis es la mar á boiro.

TOUPIN.
Voüestre pero a foüesso boüen sen
Et si pago pas d'aparenso,
Senso que li diguesi ren,
M'a foüer ben di ce que n'en penso.

SOPHIO.
Moun pero a besoun de secours,
Sa maladié ven d'un caprici ;
Per pouesque gari seis vapours,
Foôu counsulta moussu ***,
Dien qu'es un homme foüer saven
Et que travaillo à la Peiriero ;
D'aquelleis qu'an aquéou talen
S'en trovo gaire per carriero.

TOUPIN.

Mi dirés ce que souhaitas,
Veiren ce que si pourra faire,
Leis remedis en pareils cas
Es rare que tiroun d'affaire :
Au resto voueli que sachés
De moun coûer touto la tendresso,
Esperi que m'escoutarés,
Sabi pas usa de finesso ;
Tout à lesi counsultas-vous,
Se per bouenheur pouedi vous plaire,
Cresi fouer que vieurian heuroux;
En tout voudrieu vous satisfaire,
Excusas ma temerita,
De moun sort serias la mestresso,
Farieu tout per vous countenta ;
N'ambitiouni pas la richesso.

SOPHIO.

Moussu, vous explicas pas mau,
Se voüestro intentien es sincero ;
Cependant, es foûer à prepau
Que vous adrissés à moun pero,
Farai toujours ee que voura :
Car sieu touto determinado ;
Et quand va mi proupousara
Serai pas luén de sa pensado.

TOUPIN.

Voüestre discours es tout charmant,
Ha ! que mi douno d'espéransos,
Se sabieu faire lou galant,
Vous farieu millo reveransos.

SOPHIO.

Esperas-vous, n'es pa lou ten,
Tachas d'avé sa counfianso,
Cresés-mi, precipiten ren,
Et pui veiren veni la chanso;
Cultivas ben soun amitié,
Sabés qu'a per vous de feblesso,
Que vous escouto voulountié,
Et qu'a per yeou foüesso tendresso.
Moun pero ven, retiras-vous,
Voudrieu pas estre soubsounado
Que fouguessian d'abord toueis dous
Au retour de sa proumenado.

SCENO XI.

QUINQUINA, SOPHIO, TOUPIN.

QUINQUINA.

Cristus des remediorum
Qui durabunt in cæculorum,
Fabricatos cum sientia
Magis quæ cum consientia,
Recipe donc la medecinam
Facta cum drogam la plus finam.

TOUPIN.

Procul exeant somnia,
Medecinæ fantomata.

QUINQUINA.

Es unus grandus charlatanus
Et un insignis barbatanus.

Nescis ce quid est saffranon
Nec unguentum diaculum,
Et asinus des asinorum,
Remedius remediorum;
Omnes l'intelligunt bene.
Non dicam sed est optime,
Non sufficit esse saventus,
Sed oportet esse prudentus,
Et sere bien aplicare,
Remedium et tacere ;
S'intelligis me medecinam,
Videtis illam plus que bonam

SOPHIO.

Grammassi, moussu Quinquina,
N'aven plus besoun de remedi,
Moun pero a di de vous douna
Dous escus, car voôu gés de credi ;
Retiras-vous et tournés plus,
Dieou vous mande d'autros pratiquos ;
La medecino es un abus,
Couneissen empau leis rubriquos.

M. *Quinquina souarte*

TOUPIN.

Cresés vo ? mi sieu pas troumpa,
Es un medecin à l'alluro.
Coumo à l'argen s'es arrapa !
Ben segur es uno pousturo.
Moussu voûestre pero reven,
Mi proumeti deja d'avanso
Que recevra moun coumplimen,
Vau li faire ma reveranso.

SCENO XII.
PARRETY, SOPHIO, TOUPIN.

TOUPIN.

Vesi lou coumple doôu boûenheur,
M'es pas poussible de va creire,
Cependant mi dias qu'es segur,
Degun v'aurié pousqu preveire;
Pouedi pas mi persuada
De merita tallo fourtuno,
Admiri voûestre prouceda,
L'aventuro n'es pas coumuno.
Souffrés, moussu, qu'à voûestreis pas
Trés-humblamen vous rendi graci,
Vous serai tous leis jours auprés,
Mi dirés ce que foou que fasse.
à Sophio.
Per vous, exemple d'un grand coûer,
Que deignas estre ma coumpagno,
Vous amarai jusqu'a la moûer,
Vous darai jamai gés de laigno;
Sabi tout ce que merita,
Counouissi touto ma bassesso,
Es l'effet de voûestro bounta,
Sabés que n'ai pas de richesso;
Vous cousiderarai toujours
Coumo uno damo respectablo,
Veisi lou plus beóu de meis jours,
Semblo qu'eissoto es uno fablo;

Farai ce que desirarés,
De per tout serés la mestresso.
Aprovi tout ce que farés,
Sias ma reino, sias ma princesso.

SOPHIO.

Ami moun pero, es ben verrai?
Mai partagearai ma tendresso,
Et touteis dous vous amarai,
Poudés counta sur ma proumesso.

TOUPIN.

Voûestre pero lou garirai
Et mettrai fin à sa tristesso,
Tout au mens lou soulagearai,
En prenen part à sa feblesso ;
Lorsque leis vapours li vendran
Foou si servir empau d'adresso,
Et senso n'en faire semblan,
Badina, li faire de pessos ;
Un ren pourra lou dissipa,
Es lou grand point deis vapouristos,
Que sans sesso siege occupa,
Li pas parla de cavos tristos.

SOPHIO.

Eben farai ce que vourés,
Travaillaren en counsequanso ;
Cresés-vous que ce que dirés
Mi fara naisse l'espéranso.

SCENO XIII.

PARRETY, SOPHIO, TOUPIN, MAUBASTY.

PARRETY.

Vesi que sias touteis countens,
Senti dissipa ma tristesso,
Anen ? enfans, tout va foûer ben ?
Fés-mi touteis uno caresso ?
Soungen plus qu'à si rejouir,
Mangen, buguen, faguen bounbanso,
Que pertout regne lou plaisir;
Nous manquara pas de finanso,
Quauquei fés per si regala,
Lorsque seras touto souletto,
Farai faire de chicoula.

SOPHIO.

Vendrés lou prendre à ma teletto.
Aquoto n'es pas mau pensa,
Aqui faren noûestro charrado;
Mi dirés ce que s'es passa,
De v'escouta serai charmado,
Devenés tous leis jours plus gai,
Avés la demarcho charmanto,
Semblas la roso au mes de mai,
Voûestro façoun es eleganto,
Reprenés voûestro bello humour;
En verita, n'en sieu charmado;

S'oublidavias voûestro vapours
Serieou touto reviscoulado.

PARRETY.

Toun air tendre, dous et charmant
Exigeo que sieges parado
Et qu'eis alleos de Meilhan
Vagues faire la proumenado;
De pelliculos de mooutoun
Lou soir fretaras toun visagi,
Lou matin emé de coutoun
Ti pintaras coumo un eimagi;
Ti donnarai de quesaquo,
De plumos blanquos, gredelinos,
Rangeados coumo un baliquo,
Que floutaran sur teis esquinos,
De desabillés ben fringans,
Et lou capelét à l'angleso,
De poufs, de toques ben galans,
Et la raubo à la poulouneso;
Mettras de poudro au chicoula
Et de poumado à la vanillo,
Teis cheveus faras escala
Douei houei pans par-dessus l'aurillo,
Lei garniras emé de flours,
De perlos, quauqueis fés d'hermino,
De ribans de toutos coulours,
Et qu'assourtiran à ta mino;
La modo segur ti counven,
Sies grando, drecho et degageado.

MAUBASTY.

Mai dien qu'eis fillos va pas ben
Lorsqu'an la taïo qu'es gastado,
Aujourd'hui l'a foüesso giboûs,
Que crésoun pas de và pareisse;
Soun fachos coumo un cagatroûes,
Et tous leis jours la gibo creisse,
Ben que pouertoun lou corps-estré,
Garni de ferri emé d'estoupo,
Quand leis mettrias dins un destré,
Jamai prendran lou ven en poupo.

SOPHIO.

Ti boutes toujours au mitan;
Laisso leis giboûs et leis gibos,
Series pas un boûen courtisan;
Leis marris ays sieguoun leis ribos.
Moun cher pero, eissoto va ben,
Voüestreis prepaus soun ben de misos,
Es segur que n'aublidas ren,
Criticas pas mau leis soutisos.

PARRETY.

D'abord que fara de beis jours,
S'enanaren à la bastido,
Senti quasi plus meis vapours,
Foou que mangen uno bourrido;
Senso trin vous maridarés,
Car n'aimi pas troou lou tapagi,
En coumun vieuren touteis trés,

Senso gés faire de partagi ;
Faras tout à ta voulounta ,
Voûeli n'avé plus ren à faire ,
Noun vau soungea qu'à ma santa ,
Lou resto sera toun affaire.

à *Toupin*.

Eben que dis moussu Toupin ?
Aprovi foûer voûestro metodo ,
Voûeli plus gés de medecin ,
Vau mettre l'ailhet á la modo ;
A toutos sortos de vertus ,
Garisse la goutto , la grippo ,
N'en voûeli mangea tant et plus.
Adieusias , vau fuma ma pipo.

SCENO XIV.

TOUPIN , MAUBASTY,

MAUBASTY.

Moussu Toupin , ai devina ,
A la fin terminas l'affaire ,
Quoique siegi pas rafina ,
Vesi que sias un amoulaire ;
Examinavi foûer souven
Coumo tout aquo si passavo ,
Et couneissieu despui longten
Que Madameisello v'aimavo :

A la fin avés piqua au but,
Noun si poudié pas miés v'entendre ;
Vous dieu cent fés boueno salut,
Et que visqués longten ensemble.

TOUPIN.

Sieu segur que dins estou houstau
Tout anara changea de fasso,
Que doou premié jusqu'au plus hau.

MAUBASTY.

Aurai tamben uno autro plasso,
Farai touteis leis coumissiens,
Anarai sarqua la couifuso ;
Quand aurai troou d'ocupatiens,
Trouvarai toujours quauquo excuso.

TOUPIN.

Foou que chaqun change de nom,
Lou chausiren à noñestro ğuiso,
Maubasty sera Maubaston.

MAUBASTY.

Sieu d'Oureou ; gardi ma deviso......
Farias pas mau, moussu Toupin,
De vous nouma de la Toupino ;
Aqueou nom pareisse plus fin
Et sente pas tant la cousino ;
Enfin farés coumo vourés,
Emé l'argen tout s'accoumodo,
L'alongarés, l'escourchirés,

Puisque voulés sequir la modo,
Deis barbiés devendrés la flou,
Chaqun vous fara l'acoulado,
Serés d'oou regimen d'Anjou ;
Pertout vous dounaran l'intrado ;
Diran plus lou Barbié d'Oureou,
Que fa la barbo et douno à boiro,
Puisqu'avalas lou roux de l'coû,
Terminas foûer ben voùestro histoire.

Vu ; permis d'imprimer.

A Marseille, le 22 novembre 1814.

Le Préfet du Département,
ALBERTAS.

DIALOGUO

D'UN HOMME MARIDA d'oou quartié de Sant-Jus, D'UNO VEUSO d'oou Martegue, demoucrant à Marsillo, à la carriero de Sant-Laurent, D'UN GARÇOUN et D'UNO FILLO de Sant-Ginié.

L'HOMME MARIDA.

PERTOUT l'a de chagrin, de peno,
Chaqun si crés d'estre en cadeno
Din soun état et counditien,
Et senso faire refleccien
Si plaignen de noûestro fourtuno;
Tenen tous enpau de la luno,
Enfin chaqun a sa foulié;
Senso empau de philousophie
Se poou pas vieure din lou mounde :
Uno candello que si founde
Es l'imagi de noûestre sort ;
Jamai dégun voou avé tort,
Et la cauvo la plus coumuno,
Et que causo noûestro infourtuno.
Arribara ce que pourra,
Sian eissi per delibera :
Souven uno sagi conduito
Evito uno fâchouso suito,
Surtout anen poulidamen,
Voou vous dire moun sentimen.

Sieou counten de moun mariagi,
Ma fremo la crési louer sagi ;
Au surplus, m'embarrassi pas,
De tous leis jours segui seis pas,
Souven li fen venir l'envegeo.
Mangi ma soupo caudo ou fregeo,
Et preni lou tem coumo ven,
Senso avé tant de pensamen :
Souven aqueou que vóou trop faire
Es atrapat, et lou fan fraire
D'aquello grando counfrarié :
N'ai pas aquello maladié.
Dien que leis fremos trop gardados
Fan souven quauquos demargados ;
Emé prudenci fóou pourtan
Tacha d'evita lou croissant ;
Mettre la brido sur la testo,
N'es pas lou juec, la malopesto ;
Aquo n'es pas moun sentimen,
D'estre toujours en mouvamen,
Et martirisa sa cervello,
Es uno maladié cruello ;
Cresi pas qu'aquello façoun
Leis garisse ni pau ni proun,
Es lou mouyen d'avé de laignos,
Leis fremos an trop de magagnos,
Quand lou verme s'es mes au boues,
Foou cissuga leis mauzencoues ;
Un mari se per aventuro
Ou ben per quauquo conjecturo,

De sa fremo vesié lou trin,
Que la levo dòou bouen camin,
Foou qu'examine sa counsienso
En prengue soun mau en patienso,
Autramen si chagrinarié,
Et pui après qu'avansarié,
Li vendrié lou degoust, la ragi,
Et troublarié tout soun meinagi.
Coumo qué sié, moun sentimen
Es de vieure tranquilamen
Et d'evita touto querello :
Tant pis qu'u troumpo la gabello.

LA VEUSO.

Ai recouvra ma liberta,
Poüedi rire, poüedi sauta,
Noun creigni plus la medisenci :
Oh que suplici ! quand li pensi,
Faire tout à la fantasié
Et eissuga la jalousié
D'un mari rempli de capricis,
D'humours chagrinos, d'injusticis,
Qu'ero l'esclau de soun argen,
Et mi dounavo presquo ren.
Cependant m'a pas mau laissado,
Enfin m'en sieou desbarrassado ;
Dieou lou tengue mounte l'a més ;
Sabi que foou que trege més,
Poüerti lou dòou per penitensi
Et qu'observi ben la decensi,
Que Fugi touto coumpagnie :

Maugrabeou la ceremounié,
M'a fougu jitta de lagremos,
Mai heurousamen que leis fremos
Leis au de coumando en tout tems,
Et restoun jamai sur seis dens.
Uno cauvo que mi chifouno
Es que soun testamen ourdouno,
Sabi pas sur ce qu'es founda,
Que se voûeli mi marida
Mi privo de soun heritagi,
Que n'aurai plus que lou produit,
La jouissenso et l'usufruit :
Touteis leis gens de la pratiquo
Disoun lou cas senso repliquo ;
Aquotto es dur, es ben verai,
Aquel article mi desplai,
Mai que faire ? l'a de remedi,
Emé tout l'argen que poussedi
Farai la pluegeo et lou beou tems,
Mi truffarai de fouesso gens :
L'a ren de tau que l'opulanso,
Lorsque vieurai dins l'aboundanso
Aurai de que mi regala,
Mangearai doux ou ben sala,
Toujours emé delicatesso,
Mi mettrai coumo uno princesso ;
Enfin ai ben counsidera,
Tout es dich et delibera,
Temouignarai gés de feblesso
Et serai toujours la mestresso ;

Alors farai valé meis founs
Vequi moun goust et meis raisouns.
LOU GARÇOUN.
Dieou counserve ma bello damo,
Qu'u vous cherisse et qu' vous aimo,
Sias un bijou, sias un tresor,
Voulés cent fés mai que tout l'or
Que renfermo lou nouveou mounde;
Mai surtout ce que mi counfounde,
Pardounas ma sinceritá,
Sieou l'esclau de la veritá,
Et voüestro humour toujour egallo,
Si poou pas trouva voüestro egallo,
Avés d'amitié, de pietá,
De bouen sens et de proubitá,
Foüesso esprit et de gentillesso,
De tous leis coüers seuas mestresso.
Se l'envegeó vous en premié,
Et degun vous resistarié;
Souto la crespo d'oou vensagi
Brilloun leis flours; voüestro visagi
Tant couroux, tant amistadoux,
Rendrié foüesso mortels huroux;
Finirieu pas dins uno annado,
Et segur que serias charmado,
Se couneissias meis sentimens,
Sieou l'ennemi deïs couinplimens;
Vau coumensa de vous instruire,
La verita mi poou pas nuire;
Et toujours la sinceritá

Mouestro deis gens la proubita :
N'ai pas grand ben de la fourtuno,
Meis capitaux soun din la luno ;
Cependant sieou homme d'hounour,
N'ai jamai couneissu l'amour,
Fau pas uno grando figuro,
N'ai gés de trin, gés de voituro,
Recercarieu d'estre emplega ;
Besai mi farieou distinga,
Sieou boüen per regla leis affaires
Et leis vira de cade caires,
Afin d'avé satisfaccien ;
Ai toujours agu l'ambitien
Qr auque jour de servir Madamo ;
A tant boüen coüer et tant bello amo,
S'ayié per ieou quauquo bounta,
Tacharieou de la countenta,
Suro de ma recouneissenci,
Pourrié counta sur ma prudenci.

LA VEUSO.

Eisso mérito refleccien,
Se sarcas uno counditien
Et segués tau que devés estre,
De meis affaires serés maistre,
Tacharai de vous rendre huroux,
Per que seguen counten touis doux.

LOU GARÇOUN.

Madamo, segués assurado
Que de meis souins serés charmado,
Que farai tout ce que pourrai

Et segur vous countentarai ;
Vous assuri, va poudés creire,
Qu'en visitan voueli tout veire ;
Farai l'inventari doou foun,
Deis moblés de voüestro maisoun ;
Voüestreis pessos seran rangeados
Et tous leis més seran reglados.

LA VEUSO.

Eben, Moussu, foüer voulountié ;
Cresi qu'entendés lou mestié,
Qu'avés d'esprit et de prudenci
Et manquas pas d'intelligenci,
Mettrai meis founds en voüestreis mans,
Même, se voulés, dès deman ;
Counouissi ben à voüestro alluro
Qu'entendés á la prouceduro :
Per que n'en venguen leou à bout,
Vous laissi lou mestre de tout.

LA FILLO.

N'ai ni capitaux ni fourtuno,
Sieou ni blanquo, negro, ni bruno,
Voudrieou tacha tant soulamen
De mi casa ; car autramen
Jamai n'es esta ma pensado
Per passien d'estre maridado ;
Sieou pas fillo à temperamen ;
Mai vieuré à l'oumbro d'un calen,
Trobi qu'es uno tristo vido,
Et que n'a gés de plus marrido.
Lou sort d'un garçoun es huroux ;

L'etat de fillo es dangeiroux,
Guindado sur sa countenenci,
Si jugeo plus sur l'aparenci
Souven contro la vérita.:
Aquestou siècle es tan gasta,
Que tout lou mounde nous regardo.
Souven n'en van à la moustardo,
De pertout souerte d'amouroux
Et de calignairés rouignoux;
Acotto n'es pas moun affaire,
Faire l'amour senso mau traire,
Es un mestié que si poou pas;
Toumban souven din quauque cas
Que nous fan fugi la fourtuno;
L'aventuro la plus coumuno
Nous laisso pendudos au croc,
Et degun voou plus dire hoc;
Aimi cent fés mai estre sagi,
En esperan un mariagi :
Digas-mi vouestre sentimen,
Sabi que pensas prudenmen.

   LA VEUSO.
Suivant lou tems, la circounstanso,
Leis agremens et la finanso,
Uno fillo si deu regla
Et jamai sauta lou vala;
Per uno n'a déx d'atrapados;
D'autros per fa leis delicados
Et chausi dessus lou mouloun,
Si pastisoun à nun cantoun;

Epui li ven leis vitiperis,
Leis regardoun coumo d'arleris,
Lorsque la jouinesso a passa,
Et leis carcognoux an poussa,
A trente ans soun mai que maduros,
Soun de vieils pots de counfituros
Que coumensoun de si candi;
Lou garçoun qu'es lou plus hardi
Leis fuge din leis assemblados,
Soun leis grenadiés deis armados,
Li disoun fillos de 'conseou,
Dessecados senso souleou.

LOU MARIDA.

Bello veuso, sias troou severo,
Mi fés quasi mettre en coulero;
A tout l'a de temperamen;
Au luec de plaigne soun tourmen,
Jugas à la desesperado;
Quauque jour sera maridado,
Li counsilli de fiala doux
Et recampa quauque amouroux;
Lou bouen sens, leis bouenos manieros,
Eis garçouns servoun de ratieros,
Et lou garry souven es prés :
Un homme quand es entreprés
Per uno fillo de cabesso
Que li temouigno sa tendresso
Em'esprit et mouderatien,
Souven, senso fa refleccien,
Si jetto din lou mariagi,

Surtout s'a gés reçu de gagi ;
Car alors es ben differen ,
Et l'amour tirasso long-tems.
A tout foou avé de patienso ,
Counoissi pas ges d'autro sienso :
Quand leis fillos n'an pas d'argen ,
Mai de pedas tant soulamen ,
Acotto es lou dot de Maiorquo ,
Qu'es la resino de Maillorquo :
Aqui senso ceremounié ,
Chaqun si sarquo coumpagnié ;
Fan leis countrats senso noutari
Et leis noüessos dins un armari ;
Leis aragnos soun tapissiés ,
Doou cueou de beou leis pastissiés
Et leis roustisseurs deis castagnos
Fan leis liaisouns emé d'eygagnos ,
Tiroun lou diable per la coué ;
Noun es pas plus leou jour qu'es nué ;
En tout sieguoun leis vieillos modos ,
An de tiradous per coumodos ,
Seis estoffos soun de pedas ,
Pintados coumo lou damas ;
Lou sero per soun luminari ,
Li tiroun lou blé mai d'un coou.
Enfin tout va coumo Dieou voou ,
Mai cependant venés mi veire ,
Ce que dirai va poudés creire ;
Counsultaren touis doux ensen ,
Per trouva l'establissamen

Que vous counvendra davantagi,
Et se si poou un mariagi ;
Gardas soulamen lou secret,
Veirés que serés leou au fait ;
En douis mots vous farai coumprendre
Lou counseou que chaqun deou prendre,
Et suivant lou tems et lou besoun ;
Lou boüen sens voou que la raisoun
Nous conduise, senso caprici ;
Quand chaqun si rende justici,
Noüestre sort es leou counsulta :
D'aquestou mounde la mitta
De l'autre sarquo leis rubriquos
Et n'en voou faire de critiquos ;
Per nautres qu'aven la raisoun,
Si reglan d'uno autro façoun.
Cresés-mi tous ? laissen leis dire,
Prenguen lou parti de n'en rire ;
Pertout l'a de maridos gens,
Si foou truffa deis medisens ;
Per pau que l'on veuille l'entendre,
Chaqun a d'esprit à revendre :
Seren huroux, seren countens,
Se saben proufita doou tems.

LA VEUSO.

Mies que de matinos d'ourados
Nous avés dich voüestreis pensados ;
Moun avis es de leis grava
Dessus la poüerto doou priva :

Noun sian plus au tems deis oracles,
Touis leis sants fan pas de miracles.
Sieou d'avis que per estre huroux ,
Foou laissa dire et fiella doux ,
Et garda toujours l'aparenci ,
En fasen boüeno countenenci ;
Aujourd'hui ma filousouphié
Es de vieure à ma fantasié.

DIALOGUO

DE dous Paysans d'oou Martegue, habitans lou quartié de Sant-Barnabeou, et d'un Barbié d'oou quartié de St.-Loup, en si rescountrant din la Villo.

THONY, MICOULAU,
Moussu CHARPIN, *Barbié de Sant-Loup.*

MICOULAU.

Hola ! Thony, planto t'empau ,
Cambegés coumo un pouer malau ;
Moussu fcôu n'a pas tant d'afiaire ,
N'auriés ren rescountra moun fraire ;
Sabi pas mounté aura passa,
Foou que si siegue entravessa
Sur leis bans de quauquo taverno ;

Lòu sarqua dins uno citerno,
Segur serié perdre soun ten,
N'es jamaï plus gai, plus counten
Que quand a carga la pelisso.
THONY.
Lòu pechié souven l'embarnisso,
Jamaï noun lòu denembrara ;
Quand sian redoun sian pas quarra ;
Ieou quand ai quauquaren en testo,
Ma cambo, catacan, es lesto :
Veni per querre un bouen pastis,
Em'uno liasso de perdrix,
Ven leou veire, soun pas baboyos,
Voou mai que dous barrieux d'anchoyos,
Dòou four venoun de lou sourti,
Ren que lòu fun douno apeti ;
Embaimo, vené, tubo encaro,
Foou que siege uno pesso raro ;
N'en carregi de tans et tans ;
Leis croustos soun per meis enfans,
Aquotto es de pan et de pitanso
Et gounflo bravamen la panso ;
Senso tan ana de testoun,
Fa bouen pesqua din lòu mouloun ;
Deman ayen uno dinado,
Sieou toujour de la mastegado ;
L'a plaisir d'estre à nouestre ben,
Quand mi destournoun paquoun ben.
MICOULAU.
Thoni, siés em'un braye mestre,

Mai, quadenoun, li sabés estre ;
Ti touessés, fas ben lou mancou,
Tamben ti vian lusi la peou :
Jamai n'aurai talo fourtuno ;
Se poudieou fa de bla de luno,
Va ti dieu ben en verita,
Car dien que ce qu'es bouen à prendre
Sian toujours à tems à va rendre.
Santoubinchi, l'a pas mouyen
De ren prendre din nouestre ben.
Moun mestre vieou que de rampouchou,
Leis favos emé lou capouchoun
Soun pas proun duros per seis dens,
Li boutto d'olli deis callens ;
Din lou ben tou lou jour busquegeo,
Mangeo souven sa soupo fregeo,
Na ni gaveous, carboun ni boues,
A mes seis bouffés en doueis troues,
Soou touttos sortos de magagnos,
Dex fés doou jour avén de laignos ;
Quand voou curbi sa ladrarié,
Crido visquén d'escounoumié ;
La sartan, l'aste et l'ou pan tendre
Fan souven leis houstaux dessendre ;
Voudrié la susour d'oou paisan ;
Mai tamben ficharai lou cam.

M. CHARPIN.

A tout si trobo de remedi,
Hormis quand n'avés gés de credi ;
Leis proumessos soun pas d'argen,

Sot qu'espero, beato qu ten;
Leis paraulos soun de femellos,
Aqueou qu'a de boües fa d'estellos;
Leis bourgeois soun tous estrechans,
La ren de tau que leis marchands.
De ren jamai segues en peno,
L'amour et lou vin n'encadeno
Que leis gens senso pensamens,
Et aqu'elleis qu'an pau de sens
Lëou, lëou chabissoun seis finansos.
Toutto fremo qu'amo leis dansos
Es pas facho à proufi d'houstau,
Es au camin de l'hespitau,
Et per pau que si crese bello,
Garo que troumpe la gabello;
Es un bëou garnimen de liech;
Noun va disi pas per despiech.

THONY.
Anen, Mauchuan, prenguen haleno;
Dins estou mounde la proun peno.
Pagui miegeo, moussu Charpin,
Sabi mounte la de boüen vin;
Em'uno poumpo toutto caudo,
La chambriero la dedin sa faudo,
La gardavo esprès por moun nas,
Tout bëou jus veisi lou ramas;
Lai fach adin ben de tampounos
Et esquicha foüessos pichounos;
Ai tant sié pau de sausissot,
M'embarqui pas coumo un sot;

Bouten vitte la man à l'obro,
N'aven pas besoun de manobro;
Vau coumensa de lou tasta
Et de beure à voüestro santa.

M. CHARPIN.
Senso pechié qu fa bugado
Conte que sur miegeo journado;
Lou vin es un foüer boüen enguen,
S'en foou vouigne, mai sobramen;
Es lou secret deis bugadieros,
Lou flascou leis rende plus fieros;
L'aiguo toujours gasto lou vin,
Et leis carrettos lou camin :
Leis hommes va soun per leis fremos,
Quand fan usagi deis lagremos,
Lou plus souven li soun troumpas,
Et leis plus fins soun attrapas.

MICOULAU.
Es ben facile d'estre allegre,
Quand lou boussoun n'a pas la febre;
Lou mieu sabi pas s'es trauqua,
Cresi que lou man enmasqua;
Sieou broujat emé leis bayoquos,
Nai souven ni coquos ni moquos.
Hé ! lou mouyen d'estre counten,
Quand n'avés santoulimen ren :
Qu n'a gés d'argen a de laignos,
Leis valas simploun pas d'eigagnos;
Ensigne m'empau coumo fas.

THONY.

Seras toujours un darnagas,
Fai coumo yeou, changeo de mestre,
Senoun t'arribo un escaufestre;
Leis bourgeois saboun empau troou;
La mendro cauvo li fa poou,
Caminoun la gordeo duberto,
Jour et nuech yilloun, soun alerto;
Se lou can jappo tant sié pau,
Leis vias sauta coumo un grapau.

MICOULAU.

Sabi casimen plus que faire,
Veôu proun d'obro de cade caire;
Un paure homme n'a gés d'ami,
Et lou mistrau n'a gés d'abri;
Moun mestre tout lou jour remouquo,
Conto leis rins à chaquo souquo,
Li laisso pas un limaçoun :
Quand ven l'ou tems de la meissoun,
Ven léou passegea la garbiero,
La pas jusquos à la chambriero
Que noun tengue conte de tout,
Tiroun l'estame per l'ou bout;
Souven venoun tasta la trempo,
De poou que quand la grapo trempo
L'aguén més tant sié pau de vin;
De la racquo tiroun lou fin,
Quand d'oou destrech es derrabado,
Poudés creire qu'es dessecado;
Es un beure de mauseucoûes,

Se lipavias un troües de boües,
A mai de suc que sei racados,
Cresés-vo, soun pas de charrados.

M. CHARPIN.

Es verai, l'a d'obro pertout,
Quand saben pas mounte es l'ou bout;
Foou saché mena seis affaires;
Fa pas boüen estre emé de laires.
L'ou moussu fin et troou curieu
Rende lou païsan renadieu;
Si foou ben lia la jarretiero;
Quand la de pan à la pāniero,
Leis païsans soun léou sadoulas;
Ren et ren fan d'enfans gielas :
Cresé mi, chaugeo de bastido;
Ben que la terro sié marrido,
Li fa de ren ; se lou moussu
Es generoux et s'a d'escû.
D'uno cousino ben reiouncho
Mesfiso ten, es gaire vouncho;
Souven bello ramo pau rin,
Leis brayos toumboun au plus fin,
L'ou pan coupa n'a gés de mestre,
N'en fa boüen estre lou sequestre;
Chaqu'un lou sieou noun es pas proun,
Quauque jour diras qu'ai resonn.

MICOULAU.

Aquello paraulo es ben dicho,
Fourie que pertout foussò escricho;
La voüeli dire à meis enfans,

S'en souvendran quand seran grans,
Foou que coumensoun de boüno houro.
Ma pauro fremo toujours plouro,
Que fasse mau, que fasse ben,
Li dounoun escassamen ren,
Encaro li sarquoun querello.
Toueis leis diluns, Madameisello
Li douno un mousseou de saboun
Que n'es pas plus gros que lou poun;
D'aquo foou lava seis primayos,
Finqua la doubluro deis brayos,
Dénembroun pas un panouchoun,
Cresi que touërquoun l'ou fouguon
Emé leis marguos deis camisos,
Enca si plaignoun que soun grizos.
Qu'u sabouno emé l'ou basseou
Fa l'ou linge ni blanc ni bëou :
Per ïeou m'en ensousiti gaire,
Se va pas ben es soun affaire :
En tout vouëloun avé raisoun,
Que fa ce que poou fa ben proun.
Vouëli sarqua qu'auquo bastido
Prochi de Santo-Margarido,
Sieu sadoul d'aquestou quartié,
Lou quittarai ben volountié ;
Se l'eistimai moueri d'estranci,
M'enterroun souto qu'auquo quansi.
Moun mestre voou tout à fait ren,
Es un avare, es un vilen,
Si mouquo à la pampo de vigno;

Se l'ou vesias quand fa la mino
Es drollé coumo un cascaveou,
Long, prin et toüer coumo un gaveôu,
Semblo l'ou courrié de Pilatto,
A d'ounglos au bout de la patto,
Que servirien de sarquo pous,
Noûestre poüer es pas tant merdous;
Per pareisse dimenche et festo
A fach d'un habit uno vesto;
Seis brayos de touteis leis jours
Soun de trés ou quatre coulours;
Sa perruquo frizo en candello,
Tout coumo aqu'ello de Gardello;
Sero au soou, senso lou boudin
Caminarié coumo un ausin ;
Soun nas es tout plen de petoullos,
Soun mourré es boüen per cura d'houllos,
A leis esquinos coumo un bas,
A toujours sept pareous de bas,
Juguét seis bouteous à la rafflo ;
Seis enfans pudoun à l'aiguo naffro,
N'a dous de goïs et trés de gibous,
Et touttei cinq soun pontignous.
O! per sa fremo la detesti,
A trés pëous de la malo besti :
Dien que la fremo et lou chivau
Naissoun gaire senso deffaus;
Fara pas mentir lou prouverbi ;
Es toutto cuberto de berby,
Dis de mau de tous leis païsans,

Lei tratto coumo de bregans,
De vouleurs ? vous fa jamai fauto ;
Quand a crida dis qu'es malauto ;
N'en siou sadoul, crese va ti,
Voudrieou deja m'estre sourti.

THONY.

Micoulau, foou prendre patienso
Et mettre en repau ta counsienso.
Eri coumo tu l'an passa,
M'avien bravamen degraissa ;
La ren de tau d'avé boüen mestre ;
Leis bourgeois va pouedoun pas estre ;
Em'elleis nouu si gagno ren,
Soun sours quand demandan d'argen;
Jamai voüeloun faire d'avanso,
Soun brouyats emé la finanso.
Vivo l'ou mieou, es toujours lés,
Cresi que l'ou man fach expréx ;
Coumandi tout à la bastido,
Es ieou que li fau la bourrido ;
Man douna lou souin d'oou chivau,
Mei galinos n'en dien pas mau,
Em'eou partageoun la prevendo ;
Ai un sacq plus larg qu'uno tendo,
Quand es plen semblo un bastidoun.
Din huec jours n'en vesi l'ou foun ;
Souven noüestre poüer li sajudo,
L'engraissi pas emé d'alludo.
Aven tamben lou fouletoun,
Recampi toujours pau vo proun ;

Mi rendi mai que la journado
Et n'ai pas l'esquino maccado ;
Quand vau querré de gros moussu ,
Toumbo souven de miech escu ;
N'ai plus de chagrin ni de lagno,
Sieou din l'ou païs de caucagno ,
Meis enfans soun touteis redons,
Se leis vesiés , an doüei mentouns ;
La car bouillido si tirasso ,
Voueloun plus veire la carcasso
Deis poulets ; et moun paure can
Que l'an passa patissié tant ,
Despui quintro din sa cousino,
Li jugarias dessus l'esquino.

MICOULAU.

Ha ! cadestinchi mi deleguy ,
Veou ben que foou que mi bouleguy ;
Serieou toujours uu galoupin ;
Ajudas mi , moussu Charpin.
Et tu , Thony , moun camarado,
Finissen aquesto charrado :
Sabés ben ce que mi fourrié ,
Sarquas mi qu'auquo facharié
Per faire finir meis miseris.
Leis bourgeois soun touteis d'arleris ;
Voueli pas un mestre aragnoux ,
Mai , subre que tout generoux.

THONY.

Enanensen , laisso mi faire ,
M'en cargui , n'en foou moun affaire ;

Segur, seras mai que counten,
Veiras que tout anara ben.
Quu pan et sebo si devino,
Lou ventre li tocquo l'esquino;
L'ou prouverbi menté jamai,
Adieusias, vau carga moun ay.

FABLO I.

Leis Ratos et lou Flascou.

Dous ratouns bouens amis, esten per orto un jour
  Din seis galaries ourdinaris,
  Que soun granies, estagieros, armaris,
Troboun un flascoulet tapa, qu'à soun oudour
Jugeoun plen d'oli fin ; velei v'aquito en festo,
  Si delegoun, fan tour sur tour :
Et de l'abasima d'abord li ven en testo.
  Lou plus fouer s'apountelo au soou,
  S'esquicho, enpigne, fa esquinetto,
  L'autre doou ta pren la courdeto,
  Fa fouerso, tiro, et fa tout ce que poou
Per l'en pau boulega. Mai noun li'a ren à faire,
  Tous seis efforts, pecaire,
  Amoussarien pas un calen.
  Las, fatigas, prenoun alen.
Quand l'un deis boustigouns dis à l'autre, coumpaire,
Fasen pas reflecciun que ce que fen, voou ren,
  Mi ven uno millouë pensado.
  Qu'es de rata lou tap, ensuito de saussa
Nouestrei coües din lou flascou, et puis de lei sussa.
  Tant fa, tant ba. Le cauvo es aprouvado.
  Lou tap es assiega, mountoun à l'escalado.
Roüigoun tant, qu'à la fin lou Flascou es destapa,

Fan navega lei coüe, vague de lei lipa;
Tiro, lipo, lipo, bouto.
N'en laisséroun pas uno gouto.
Engien voou mai que fouerço en qu soou s'entraina.

FABLO II.

L'Esquiroou et la Castaigno.

Un esquiroou troubet à jun
Uno castaigno doun gros giun,
Lizo, fresco, couroüe. Bon, dis din soun lengagi,
Eissoto va ben! boüen couragi;
Veici tout just ce que mi foou
Per countenta ma fam et rampli ma bedeno.
Esquiroous, coumo cadun soou,
Em. pau cauro fan calleno.
Tout jouious s'en sesis, s'assèto encountinen,
Requauquillo sa coüe, puis din sei pato vito,
Reviro, sento, admiro
Esto castaigno, et puis li calo un coou de dent,
Mai reneguet ben leou sa vido
Quand la troubet touto pourrido,
Vermenoüe, nue noun valie ren.
Aquel esquiroou nous apren
A pas jugea dei gens, coumo eou de la castaigno,
N'en vian souven
Qu'an lou defouero beou, de dintre es la magaigno.

FABLO III.

Lou Poulas esplumassa.

Que fa boüch battre un glourjvous,
Gardo sei coüus d'un ai jouious,
Tandis que lou verin en secret lou devoro.
Certain cacaracá, coürtisan de l'ouuroro,
Beou, fier, et d'un port majestoüs,
Dispousayo seloun soun goust;

D'un gentil pople de coutonos ;
N'avie tant et pici mai ,
De touteis leis coulours , de grandos , de pichounos ;
Anfin sa cour ero un serrai.
Noüestre sultan un jour ves , et si pesco
D'uno galino barbaresco ,
Que fasie la felicita
D'un poulas que n'avie qu'ello per tout partagi.
Soun amour et sa vanita
Soun pas d'humour d'espera davantagi.
Cres que n'a qu'à si presenta ,
Per que senso difficulta
Esto bello Affriqueno accepte soun aumagi.
Tallo maniero de pensa
Es de l'ourguillous l'apanagi.
Devant l'aoubo la va trouba :
L'aprocho , la revillo ,
Puis per façoun li caqueto à l'oourillo ;
Et puis pique doou pet em'un air de fierta ,
Tirasso l'allo , s'enarquillo ;
Fa tant, dis tant, qu'esvillo soun rivau ,
Qu'eme furour d'abord li declaro la guerro,
Li beou lou ven d'un bec mourtau ;
Plumo et coüe soun per l'air , troües de cresto per terro.
Que revers per noüestre galan !
Que tout esplumassa, vargoüignous et sanglan ,
Reven chés eou en estouffan sa laigno.
Lou jour si fa galignos en campaigno.
Ges de poulas ! qu'es devengut ! noun sai.
Qu'espetacle ! lou vien din d'aquel équipagi
Dins un cantoun ! qu'empruntan un air gai
Li ten d'abord estou lengagi :
N'avés pas esto nuech senti lei pipidoun ?
La maudicho engenço que soun ;
M'an pensa fa deveni lebre !
A foüesso de m'espepieouna
Mi sieou per tout despoudera,
Et même cresi qu'ai la febre.
Vai dich un coou , va dirai dous,
Que fa boüen battre un glorivous.

F

FABLO IV.

Leis dous Loups.

Un jour un loup vieil descarna,
Sarquavo à si despaijuna :
Lou paure diable s'en anavo
Testo souto, balin balan,
Et sur sa vido, en caminan,
Per enterin mouralisavo.
Qu'es devengut, entr'eou disie,
Aqueou ten que Marto fielayo !
Dei loups eres lou capoulie,
Din t'abouda dou si gouenflavoun,
Davan de tu cadun fugie,
Aves, cans, pastres, tous cridavoun :
Vel'eici, garo lou barban !
Aro lou mendre brut t'estouno,
Uno mousco t'es un tavan :
Parens, socis, tout t'abandouno,
Et n'as pas sans alimen ren.
En fen aqueou resounamen,
Ves un hatlan de soun espeço
Qu'à soun aise boutavo en peço
Un moutoun gros et gras à lard.
D'abord la joio l'estoufeguo,
Deis üeils l'empasso, si deleguo ;
Et si penso : n'auras ta part,
Si counoissen, sian camarado,
Même autrei fés l'y ai fa plési.
Adounc, em'un air loumbouri,
Humblamen li fa la coulado,
Et li dis. bouenjour, moun ami,
Fa bouen estre vous ; fes l'emperi :
Quadenoun, lou bel animau !
Permettéi que n'en mangi un pau ;
Moueri de fan et de miseri ;
Din lou besoun l'ami si ves.
L'autre d'un ton plen de mespres,
Ep li mountran sei trissadouiro,

Li respouende : que tant d'ami !
Qu sies, vileno rato-souiro?
Anen, sus, parté, cresé-mi,
Qu'hors d'aquo ti lévi la fedo.
Lou miserable, ben surpres,
Va si fet pas dire dones fes;
La quoue basso, grato pinedo,
En remoumian : aquo es fini,
La pauvreta n'a ges d'ami.

DIALOGUO

DE TRÉS CHAMBRIEROS,
SUSOUN, CATIN et CONSTANSO,
se rescountrant à la Pescarié vieillo.

SUSOUN.

CATIN et ieou si sian troubados
Au Cours, en croumpan de salados;
Coumo es festo et qu'aven lezy,
Car aven gaire à qu'eou plési,
Aven dich de ti venir veire,
Jamai degun si pourrié creire
Qué n'ai pas uu pichoun moumen;
Toujours es un nouveou tourmen :
Tamben coumensi d'estre lasso ;
Ha ! voudrieu ben estre à ta plasso,

Ta coundition es un thresor,
La paguariéou au pex de l'or,
De tout lou jour n'as ren à faire,
Toun mestre s'embarrasso gaire
De ce que fas, de ce que diés,
Tantôt cantes, tantôt riés;
D'abord que teis cauvos soun léstos,
N'as pas poou d'avé de cridestos;
Plaço souletto es signourié,
Crese ti que magradarié;
Souertés, vas, venes à toutto houro,
Quand siés deffouero degun plouro;
Per estre ben dins un houstau
Fourrié ni fremos ni malau.
Aro que sian eissi soulettos;
Diguen empau nouestrei cauvettos;
Leis mongeos quand soun au parloir
Parlarien d'oou matin au soir
Senso escupi; n'autrei, pecaire,
Acotto nous arribo gaire;
Enfin proufiten l'eou d'oou t'en,
Catin, diguo nous quauquéren?
As ti resooupu de nouvello
D'oou païs? fas la dameisello?
As un foudieou qu'es de bouen gous?
Digo mi, n'as gés d'amourous,
A toun air segur va devini,
Viro tempau? que t'examini;
Ta coutouno semblo de bour;

Pouertés l'ou coutilloun troou cour;
Que maugrabeou ta bedandouiro,
Marches coumo s'aviés la fouiro,
Boulegoti, n'as gés de biay,
Sembles uno pouerquo à l'engray.

CATIN.

Coumo li vas, la malopesto,
Quadenoun qu'as la lengo lesto,
La mieno à pas tant de vertu,
Se parlavian autant que tu,
Chabirian fouesso marchandiso
Si dis souven quauquo soutiso,
Quand parlan senso refleccien,
Ma sisto mi fas coumpassien;
Toujours parles, voudriés tout dire,
La pas mouyen que l'on respire;
Parlen chaqu'uno à nouestre tour:
Voueli saché ce fas l'amour;
Leis fillos senso calignaire
Soun estimados, noun pas gaire;
Quand serié que per tua l'ou ten,
La plesi d'estre dous ensen,
A quo toujours nous rejouisse,
Fa durbi lou couer, l'espounpisse;
Per yeou trobi ren de plus doux
Que d'estre eme soun amouroux.

SUSOUN.

Sé foulié garda lou silenci

'arieou ben mai de penitenci
Qu'un pouvici deis capouchin,
M'enrabioreou coumo leis chins:
De faire taiza leis femellos,
Sié chambrieros, sié dameisellos,
Avalarié plus l'eou la mar :
La lénguo es de marrido car ;
Senso que l'on la revertegue,
Foou que sans cesso si boulegue.

COUNSTANSO.

La tievo si boulego troou,
Va plus vitte qu'un esquiroou ;
Taiso t'en pau se t'és poussible,
As un ton de voix qu'és terrible.
Escouto mi, puis respoundras,
Et diras tout ce que voudras.
A noüestre mestié l'a proun peno,
Apres tout, sian pas en cadeno :
Vous dirai donc premieramen,
Pertout l'a d'obro et de tourmen ;
Mai tant ben se va foou dire,
Senso mettre la cauvo au pire ;
Quoique l'ague d'obro per tout,
Quand saben trouba lou boüen bout,
Si debano léou leis escagnos ;
Se qu'auquei fés aven de laignos,
Trouban ben souven de boüei moumen :
Quand sian vestidos prôpramen,
D'abord nous fan la reveranso ;
Chaqu'un mi dis misé Coustanso ;

Leis varlets d'aquestou quartié
An per ïeou qu'auquo simpatié,
Moun mestre es charmant et aimable,
Es dous, coumplesen, es affable,
Toujours mi parlo emé dousour,
Dirias que mi voou fa l'amour,
Mi douno l'argen à pouignado;
Ai lou soin de fa la bugado,
Deis prouvisiens gardi la clau,
Es counten de tout ce que fau,
Mi dounét estou chafarcany :
Hé lou mouien de dire nany,
Surtout quand nous fan de presen;
Ma proumés un eüiil de serpen;
Es uno marrido habitudo
Que de paga d'ingratitudo;
Tamben lou servi de boüen coüer,
Et durara jusqu'à la moüer.

SUSOUN.

Prenti ben gardo emé toun mestre,
Que noun tarribe un escaufestre;
Leis hommes soun tous de troumpeurs,
Souven causoun noüestreis malheurs;
La rèn de tau que la sagesso;
Uno chambriero qu'es mestresso
N'es pas lüencho d'un marit pas,
Et quand toumbo din cauque cas,
Poüerto souven la penitenci,
En esperan la repentenci;

Dien que l'homme n'a jamai tor ;
Tout ce que luse n'es pas d'or.

CATIN.

Dieou mi garde de la pensado
De faire pareillo bugado,
Moun mestre es un vieil, un renoux,
Seis euis soun rouges, poutignoux,
Conti pourtant de fa fourtuno,
Ma mestresso es poulido, es bruno,
Es catievo, a lou mourre fin,
Revillado coumo un lapin ;
Ai souin de faire seis messagis,
Voou may l'estreno que meis gagis,
Veou tout et jamai disi ren,
Pourvu que mi vengue d'argen ;
Dooü resto m'en souciti gaire,
Se fa pas ben es soun affaire ;
Chaqu'un pourtara soun paquét
Et s'en repentira soulét :
A recebre seòu toujours lesto,
Ma douna quatre sarro-testo ;
Sieis camiés, que dins un besoun
Si pourrien mettre din l'oupoun,
De faudieous, de raubos picados,
De basse de sedo à pouignados ;
Ai deja vendu eis grouliés
Per quatre frans de vieils souliés.
Esperi ben saqu'eu trin duro,
Que ma fourtuno sera suro

Et que recamparai d'argen
Per mi passa d'oou marit tems.

SUSOUN.

O que mestié d'estre cambrouzo,
Foou que siegi ben malheureuso !
Touei doues regourgeas de tout ben,
Et yeou mesquino noun ai ren;
Segur changearai de mestresso;
Car la mieno es uno diablesso,
Toujours bramo coumo un vedeou,
Fouero l'houstau es un agneou;
Voudrié ben passa per devotto,
Mai n'es qu'uno francho bigotto,
Siegué touteis leis devoutiens,
Es de quatre coungregatiens,
Cependant si vouigné, si fretto
Et si mirayo à la teletto,
A l'houstau rodo tous leis jours
De mouinés de touteis coulours;
Mais estrenos soun de rouzeros
Ou ben qu'auqueis escapoulairos,
Mi manquo pas de chapellets
Que si disoun touteis soulets;
La sur tout un reverand pere
Qu'a tout l'air d'un gaillard coumpere ;
Quand ven es toujours ben vengut
Et de grand joïo resauput,
Madamo li fa boueno mino,
Ven souven senti la cousino,

De la despenso soou la clau,
Furenegeo dé bas en hau,
Sur tout quand l'a de confituro,
Sié de la mouello ou de la duro;
Se per hazard l'a de perdrix
Ou qu'auque resto de pastis,
Poudes counta que va decrotto
Ou foüer propramen v'escamotto;
Madamo ris, lou capelan
Empouerto tout coumo un fourban;
Noüestro despenso es fourageado
Coumo au passagi d'uno armado :
Ce que mi chifouno lou mai,
Es qu'aqueu paire ven jamai
Que noun mi dounoun un messagi
A faire lùen dòou vesinagi ;
Coumando tout din la maisoun,
Et voou toujours avé raisoun ;
De Madamo es l'homme d'affaire ;
Ourdouno tout ce que foou faire,
Tamben quand s'en va leis vapours
La quitton pas de quatre jours,
A de langours, a de tristessos,
De maux de coüer et de feblessos,
Dis que jamai doüerme la nué,
Din soun liech mangeo un boüen pancué,
Li boutto d'eoufs, de cassounado,
Et puis après quand es levado
Dessende et pren lou chicoula :

Quand touto aquotto es avala,
Mi ven faire lou diable à quatre;
Li perdouni, mai de mi battre
Si s'avisavo qu'auque jour,
L'escarpinarieou à moun tour.
Dex fés dòou jour, es l'ourdinari
Que ven visita moun armari :
Va li defficou que trobé ren,
Pastelli tout emé leis dens.
Quand per dina si boutto en taulo,
A lou degoust, la gatto miaulo,
Aurié besoun d'un flot de bouës,
Per la gari deis mauzencouës ;
Mai soun homme es uno bestiasso,
Coumo une pauro patarasso,
Laisso tout faire et li dis ren,
Es bouen qua li doüna d'argen.

CATIN.

Finissen aquésto charrado,
Senti brula la carbounado;
Se Dieou voou dimenche que ven
Vendren mai touteis doues ensen :
Ai fouessos cauvos à vous dire,
Que ben segur vous faran rire.
Coumo tu siés en liberta,
Alestisse nous lou gousta,
Adurai doüeis troués de poutargo.

SUSOUN.

Et yeou de bouen vin de la Margo,

Eme doüeis tranchos de jambon
Et de ratafia doou caissoun.

CONSTANSO.

Vesperarai, menas Jacquetto;
Foou pas que la laissen souletto.
Adieusias, jusquos au revoir;
Si veiren mai dimenche au soir.

Vu ; permis d'imprimer.

A Marseille, le 22 novembre 1814.

Le Préfet du Département,

ALBERTAS.

A MARSEILLE,

De l'imprimerie de CORENTIN CARNAUD
rue de la Darse, n° 13.

www.ingramcontent.com/pod-product-compliance
Lightning Source LLC
LaVergne TN
LVHW051507090426
835512LV00010B/2395